É a maneira errada de pensar,
mas a maneira certa de vencer.

VAMOS COMEÇAR C
TOMANDO ALGUMA

O PÉ DIREITO
ECISÕES ERRADAS.

UM ERRO.

DE COSTAS PARA O FUTURO.

2,24m O RECORDE OLÍMPICO DE 1968

2,00m

1,73m O RECORDE OLÍMPICO PRÉ-1968

1,50m

1,00m

50cm

0

ATÉ AS Olimpíadas do México de 1968 a maneira usual de um atleta de salto em altura transpor o sarrafo era com o corpo paralelo a ele, uma técnica conhecida como Rolo Ocidental, ou Rolo Ventral. Mas isso iria mudar.

Um atleta desconhecido aproximou-se do sarrafo, colocado à altura de 2,24m, um recorde mundial. Alçou vôo mas, em vez de virar-se de frente para o sarrafo, virou de costas.

Ele lançou as pernas para o alto e passou de costas sobre a barra.

Seu nome era Dick Fosbury e seu método de saltar se tornou conhecido como Fosbury Flop, usado até hoje.

Ele saltou mais alto do que qualquer outro homem antes, pensando exatamente o contrário do que todos os outros pensavam.

Este exemplo é apenas um modo de pensar, mas aqui o modo de pensar se tornou uma técnica de salto, transformando um erro num sucesso.

FOTOGRAFANDO FLORES.

PRIMEIRO vamos pegar um espécime perfeito e, então, o arranjamos cuidadosamente, o iluminamos com capricho e borrifamos sobre ele um pouco de "orvalho".

Será provavelmente bonito, mas só até certo ponto, porque já vimos milhares de flores bonitas antes.

Então, como é que vamos tornar a nossa foto memorável?

Nos anos 1930 André Kertész fez uma foto de uma tulipa murcha. Uma vez que a tenha visto, é impossível esquecê-la.

Numa foto de publicidade para si mesmo, o fotógrafo Adrian Flowers mostrou um vaso, mas não as flores.

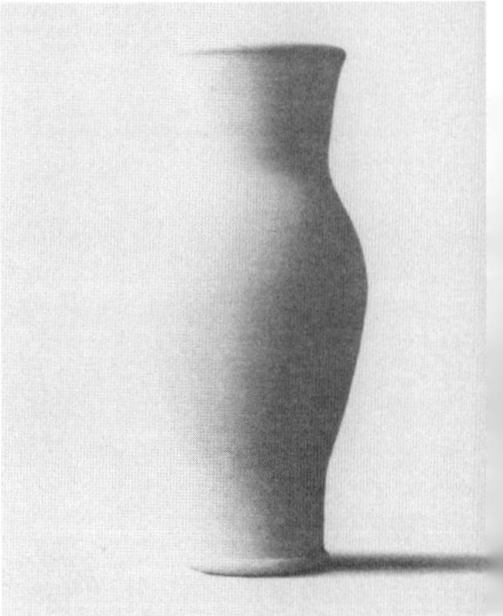

Irving Penn fez assim. Em vez de fotografar uma flor fresca perfeita, fotografou à perfeição uma flor morta.

Oitenta anos atrás o fotógrafo científico Karl Blossfeldt tirou fotos impressionantes que eram freqüentemente irreconhecíveis. A que vemos aqui se parece mais com um arranha-céu do que com uma planta.

Todas são a maneira errada de responder à questão, e todas são uma bela solução para o problema.

NÃO VAI DECOLAR.

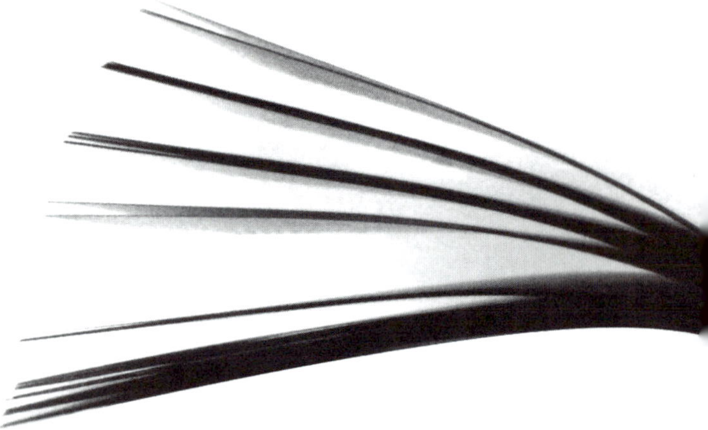

Bons escritores, bom design e bom preço: seis *pence*.

Parece óbvio. Não em 1934.

Os livreiros disseram à editora Penguin: “Se não conseguimos lucrar com sete xelins e seis *pence*, como poderemos com seis *pence*?”

Os escritores pensaram que perderiam seus direitos autorais.

Os editores não concordavam em vender seus títulos para serem impressos como livros de bolso.

Apenas as lojas Woolworth, que não vendiam nada acima dos seis *pence*, foram cooperativas.

Como empreendimento editorial, era considerado má idéia.

O fundador da Penguin, Allen Lane, pensava o *contrário*.

O resto é história!

QUANDO ESTÁ CERTO DÁ UM CLIQUE.

Em 1881 George Eastman, um funcionário iniciante, deixou seu emprego seguro num banco local para abrir uma companhia fotográfica.

Mas aqui está a parte interessante.

Sete anos depois ele mudou o nome da firma para "Kodak", uma escolha estranha, já que não tinha sentido e naqueles dias ninguém dava nomes aleatórios a produtos sérios.

As razões de Eastman para escolher o nome foram: ser curto, não se prestar a erros de pronúncia e não poder ser associado com mais nada.

Ainda hoje, as corporações não conseguem pensar assim.

Só os empreendedores.

Isto é uma pintura com o relevo Braill
única maneira de ficar sabendo disso é
plo de pensar ao contrário.

NÃO TOQUE.

le, está escrito "Não toque", no entanto a Um adorável paradoxo, e um grande exem-

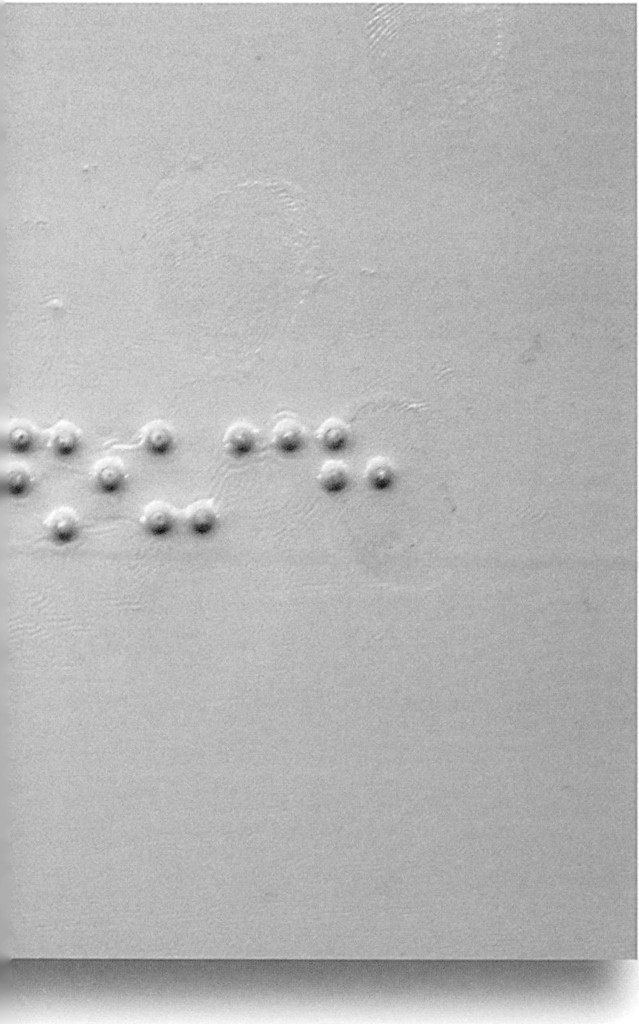

sta pintura foi comprada em uma exposição com patrocínio da J Walter Thompson. Não sei o nome do artista. Alguém pode ajudar?

NO TOPO DA ANTIMODA.

PESSOAS que criam obras para pessoas na moda imitarem fazem exatamente o contrário do que está na moda.

Elas criam algo fora de moda, fora da época, errado.

Idéias originais são criadas por pessoas originais, pessoas que por instinto ou por visão sabem o valor de ser diferente e reconhecem o lugar-comum como um lugar perigoso para ficar.

No início dos anos 70, Vivienne Westwood e Malcolm McLaren abriram uma loja no que era então o nada elegante St Christopher's Place, uma transversal da Oxford Street, em Londres.

Chamou-se "Nostalgia of Mud". As roupas estavam trinta anos à frente do seu tempo. Eram impossíveis de vestir e de comprar.

A loja era, para sermos indulgentes, esquisita.

Fechou muito rapidamente.

Foi uma decisão estúpida ou uma grande decisão?

Não fossem eles determinados e corajosos o bastante, Westwood não teria se tornado a mais reverenciada estilista britânica e McLaren não teria formado os Sex Pistols.

A EXPOSIÇÃO CERTA.

EXISTE a história de um professor que tomava banho no rio Cherwell, em Oxford, num local chamado Parson's Pleasure [O Prazer do Vigário], onde era costume nadar nu.

Quando o professor saía da água, uma canoa de calouras passou por ali, então ele pegou sua toalha e a enrolou na cabeça.

NÃO É porque você está tomando as decisões erradas, é porque você está tomando as decisões certas.

Tentamos tomar decisões sensatas baseados nos fatos diante de nós.

O problema de tomar decisões sensatas é que todo mundo está fazendo o mesmo.

EU DESEJO.

EU DESEJO significa: não seria bom se...

Se você sempre tomar a decisão certa, aquela que a maioria das pessoas toma, você vai ser igual a todo mundo.

Sempre desejando que a vida fosse diferente.

EU QUERO.

EU QUERO significa: se quiser mesmo uma coisa eu a terei.

Ter o que você quer significa tomar as decisões que precisa para obter o que quer.

Não as decisões que aqueles ao seu redor acham que deveria tomar.

Tomar a decisão certa é chato, previsível e não leva a nada novo.

A decisão arriscada faz você pensar e reagir de um jeito que nunca havia pensado antes.

E este pensamento levará a outros pensamentos que o ajudarão a conseguir o que quer.

Comece a tomar más decisões e isto o levará a um lugar onde outros apenas sonhariam em estar.

IMAGINE.

TODO MUNDO quer uma vida emocionante, mas a maioria das pessoas tem medo de agarrar o touro pelos chifres.

Então elas escolhem uma opção fácil para ter uma vida emocionante.

Elas vivem sua emoção por meio das outras pessoas.

Alinhando-se com rebeldes famosos, elas aproveitam um pouco de seu glamour. Imaginam que são como John Lennon, Ernest Hemingway, George Best, Liam Gallagher, Lenny Bruce, Janis Joplin, Damien Hirst, Andy Warhol, etc.

A diferença é que todas estas pessoas, ao se verem diante de uma decisão, tomavam a mais ousada, sem saber aonde isso podia levá-las, mas sabendo que a decisão segura estava carregada de perigo.

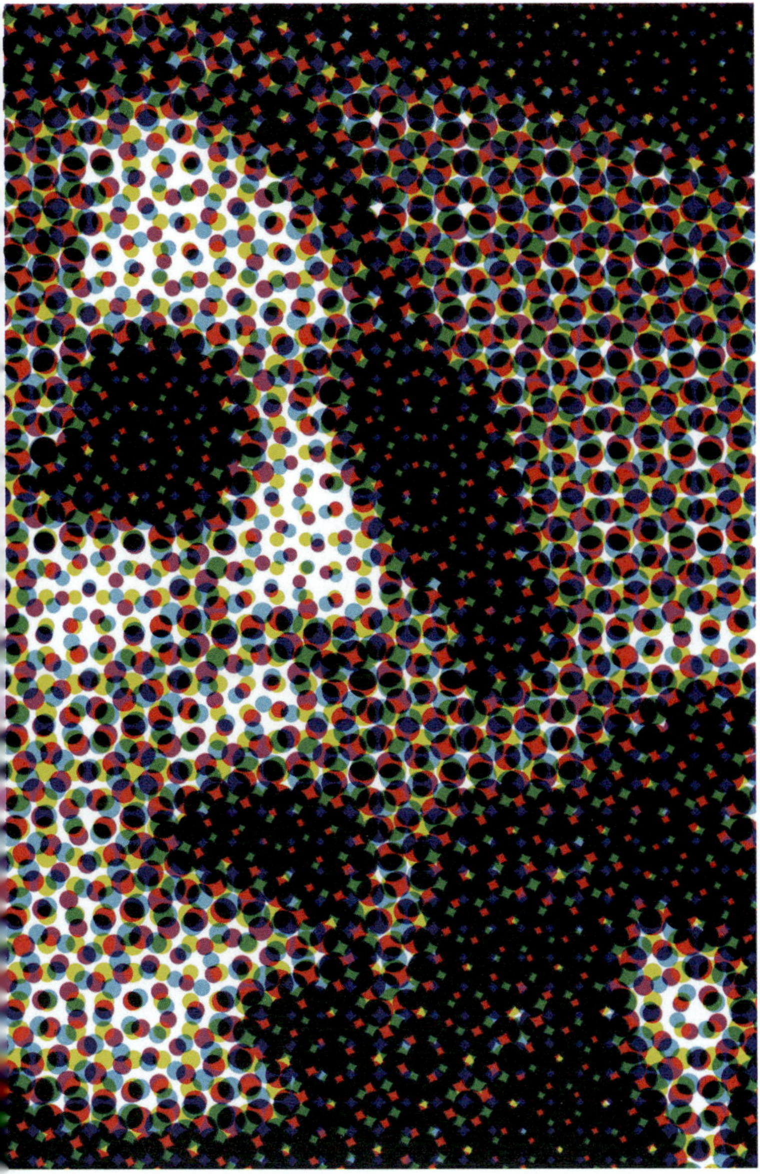

É MELHOR SE ARREPENDER DO QUE VOCÊ FEZ DO QUE DAQUILO QUE NÃO FEZ.

MUITAS pessoas chegam aos quarenta anos só para perceber que jogaram fora sua vida.

Em muitos casos tinham tudo a favor, mas, diante do desafio, não tiveram coragem de enfrentá-lo.

Ninguém vai cortar seu braço direito, tomar sua motocicleta ou colocá-lo na cadeia se você fracassar.

Um amigo meu, filho de um homem que tinha ligações com o IRA, passava por um mau momento e foi pedir conselho ao pai.

Então ele disse: "Papai, estou com problemas."

O pai perguntou: "Vão matá-lo?"

Ele disse: "Não, nada disso."

O pai respondeu: "Filho, você não tem nenhum problema."

Mesmo quando queremos ser tímidos e não correr riscos, devíamos parar por um momento para imaginar o que podemos estar perdendo.

"É A META DE TODO INGLÊS IR PARA SUA SEPULTURA SEM CONSTRANGIMENTOS." JOHN CLEESE

VOCÊ não pode pagar a casa dos seus sonhos.

É por isso que ela é a casa dos seus sonhos.

Portanto, encontre um jeito de conseguí-la (você vai achar os recursos) ou fique satisfeito com a insatisfação.

DECISÕES
DECISÕES
DECISÕES.

QUANDO olhar para trás, haverá coisas de que você vai se arrepender.

Você tomou a decisão errada.

Errado.

Você tomou a decisão certa.

A vida é feita de decisões.

1. É melhor ter um carro prático ou um carro veloz?
2. Devo ir para a universidade ou arranjar um emprego?
3. Prefiro tomar vinho, cerveja ou água?

Qualquer que seja a sua decisão, é a única que você poderia tomar.

Caso contrário, você tomaria uma decisão diferente.

Tudo o que fazemos são escolhas.

Então, do que se arrepender?

Você é a pessoa que escolheu ser.

A MATÉRIA BRUTA.

ESTE homem pode transformar seu corpo no que quiser.

O homem pode querer ser um carteiro, um cara legal, uma excelente pessoa com bons amigos.

Pode querer ser o gerente de uma fábrica de sapatos.

Pode querer ser um ator ou um diretor de cinema.

Pode querer ser um diretor de empresa com um Jaguar e uma casa de campo.

Ou um ministro do governo, com dois Jaguares.

O que este homem quiser, ele vai conseguir.

Mas terá de querer o suficiente para alcançar sua meta.

Sonhar e falar a respeito não levará a nada.

Só existe uma pessoa que pode moldar sua vida.

Você.

Quem é que você vai ser?

BALANCE O BARCO.

POR QUE SE DEVE SER PRECIPITADO.

QUANDO jovens pulamos na piscina sabendo nadar ou não.

Não temos medo.

Ou nadamos ou afundamos.

Antes dos trinta anos acontecem coisas importantes que moldam o resto de nossa vida.

A primeira é:

Tomamos consciência de nós mesmos e do nosso próprio pensamento. Chegamos à idade da razão.

A segunda é:

Em nossa recém-descoberta maturidade começamos a pensar de maneira mais adulta.

Crescemos.

Impetuosidade e risco não são compatíveis com a idade.

O risco se torna algo que precisa ser cuidadosamente estudado.

O artista Yves Klein se joga no vazio, 196

CONHEÇA EDUARDINHO, O CERTINHO.

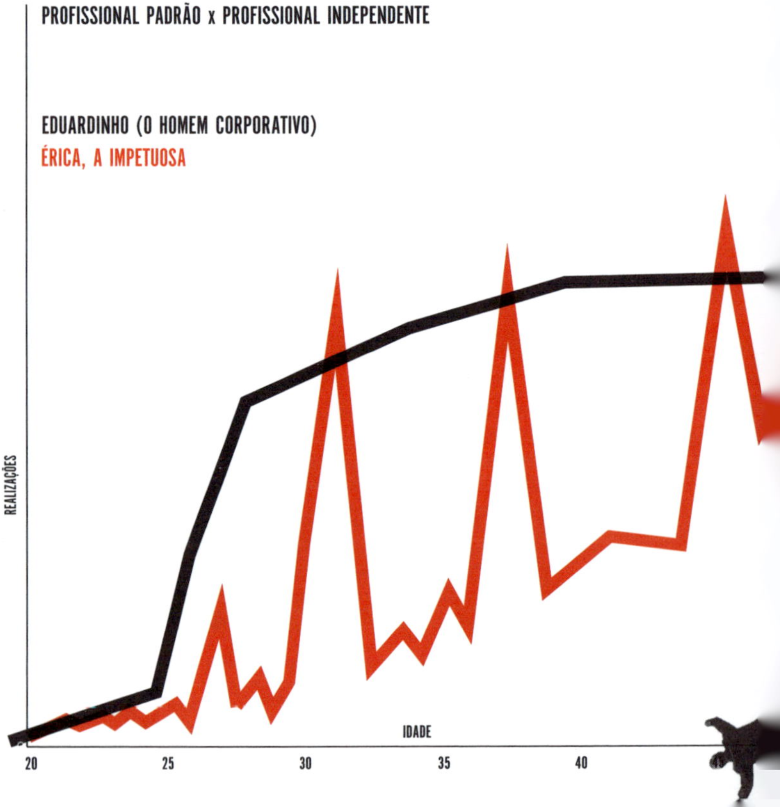

O FUNCIONÁRIO que não assume riscos sobe rapidamente no frescor da juventude; cabeça aberta, um comportamento agradável e boa aparência irão acelerar sua ascensão.

Seus superiores têm satisfação em promovê-lo porque isso é bom para a imagem deles.

O candidato atinge um patamar de responsabilidade, algo que não pode ser tratado com indiferença.

Afinal é um gerente, embora júnior.

Seu salário sobe proporcionalmente ao *status*, não à capacidade, e ele atinge o nível de direção.

Chegou a hora de nomear um adjunto ou um vice-diretor-geral. Nosso homem é considerado um bom homem de empresa, mas é um pouco maçante. Não produz inovação: nada faz pela imagem da companhia.

Existe um jovem muito bom no seu departamento ganhando um terço do seu salário, que se dá muito bem com os membros mais jovens da empresa.

55 60 65 70 75

Nosso homem aos quarenta é posto de lado e aos quarenta e sete é descartado.

Não atingiu o topo da escada, caiu e não há jeito de subir de novo.

Está acabado e, no entanto, nada fez de errado.

Este é o problema.

Ele nada fez de errado.

VAMOS OLHAR AGORA PARA A IMPETUOSA ÉRICA.

Quando jovem, não tem o charme do personagem anterior.

Nem o tipo corporativo.

É irritante, mas entusiasmada e fervilha com idéias malucas.

Então eles a mantêm na empresa.

Suas idéias geralmente são consideradas nada práticas, aventureiras demais ou simplesmente bobas. Mas em algum escaninho da companhia alguém pinça um de seus pensamentos mais ousados e o aplica. Chama atenção porque é diferente e novo.

Nos três anos seguintes ela produz uma série de idéias sem nenhuma utilidade. Torna-se cada vez mais irritante e é demitida.

O estranho é que conseguir um novo emprego não é tão difícil quanto ela imaginava, porque várias pessoas se lembram das idéias relativamente boas que produziu três anos atrás. Preferem o brilho aos fracassos.

Seu nome na folha de pagamento acrescenta um pouco de glamour à nova empresa.

Mas o mesmo processo se repete. Uma vez mais ela é demitida, mas há dois trabalhos que a tornam memorável.

Ela não é uma qualquer.

Sua vida é assim, uma série de altos e baixos, mais baixos do que altos.

Mas quando chega aos quarenta anos ela tem um bom histórico profissional.

Tornou-se uma pessoa respeitada.

Ainda a impetuosa Érica, mas sempre procurada porque ousou não ser conformista.

VOCÊ ESTÁ SENDO SENSATO?

O SALOMON BROTHERS, conhecido banco de investimentos de Nova York, reunia-se com seus clientes potenciais não uma vez por mês, ou uma vez por dia, mas três vezes ao dia.

Isso é insensato.

Mas funciona.

A maioria das pessoas usa a razão, e é por isso que elas vivem apenas razoavelmente bem.

George Bernard Shaw disse:
"O homem sensato se adapta ao mundo. O homem insensato adapta o mundo a si mesmo. Todos os progressos dependem do homem insensato."

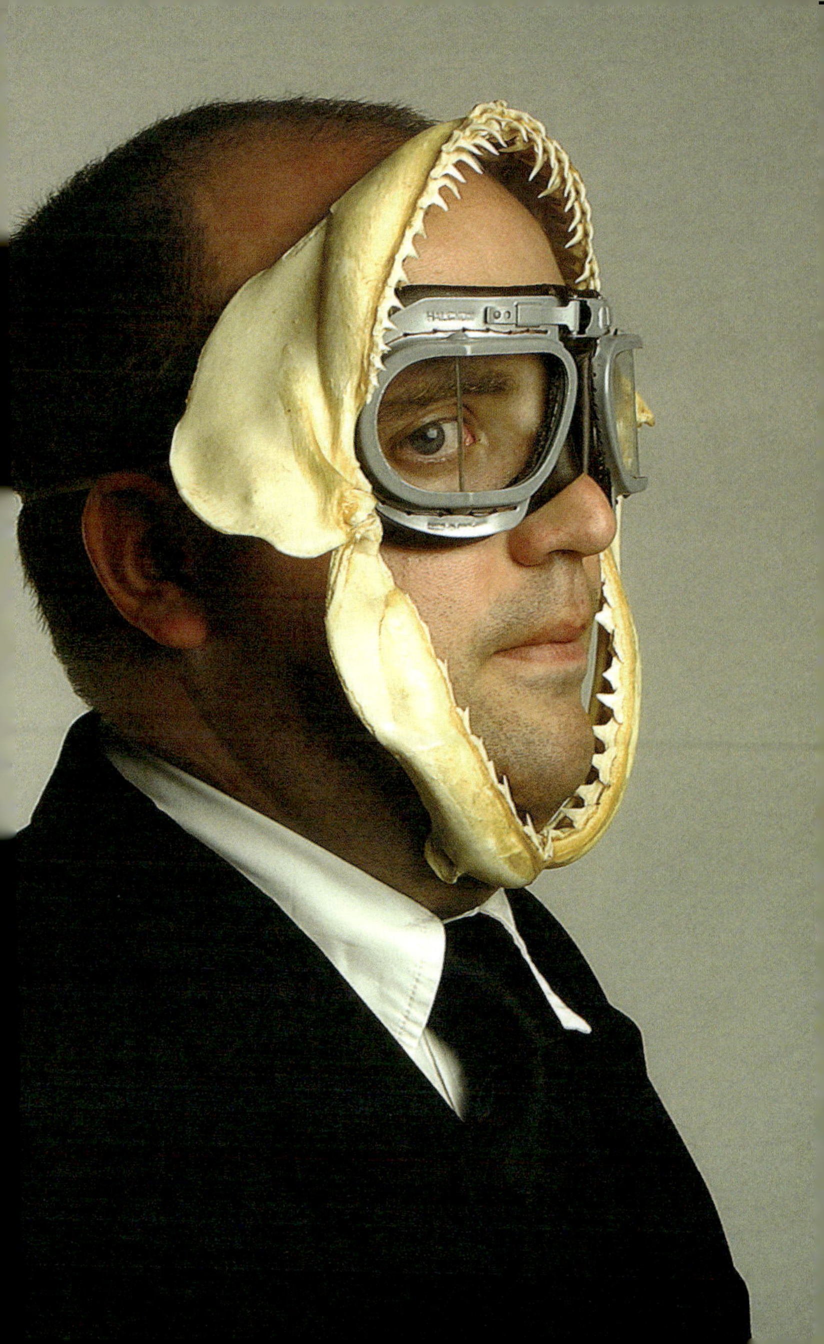

A ERA DA INSENSATEZ.

VELHOS golfistas não vencem (não é uma verdade absoluta, mas regra geral).

Por quê?

O golfista mais velho é capaz de lançar a bola tão longe quanto o jovem.

Também dá “cortadas” e tacadas leves de maneira idêntica.

E provavelmente conhece melhor o campo.

Então por que precisa da tacada extra que lhe nega a vitória?

Experiência.

Ele conhece a descida, o que acontece se ela der errado, e isso o torna mais precavido.

O jogador jovem é, ao mesmo tempo, ignorante ou indiferente a precauções.

Essa é a sua vantagem.

O mesmo acontece com todos nós.

O conhecimento nos faz jogar com segurança.

O segredo é continuar criança.

O que os jovens podem fazer com os velhos.

PULANDO O MURO.

QUANDO o Muro de Berlim estava para cair, um executivo júnior* de certa agência de publicidade veio a mim com a idéia de colar um cartaz do outro lado do muro.

Eu disse: “Boa idéia, mas onde você vai arranjar o dinheiro?”

Ele disse que tinha algumas economias.

Eu disse: “E como vai conseguir fazer isso?”

Ele disse: “Eu vou fazer.”

Ele fez. Foi notícia no mundo inteiro. Desnecessário dizer que ele partiu para abrir sua própria empresa.

Os melhores fazem isso.

Todos eles.

* Paul Cowan.

TODO MUNDO PRE

A DE UMA DESTAS.

SE VOCÊ quer saber como vai ser a sua vida, só precisa saber para onde está se dirigindo.

BUSQUE AS ESTRELAS.

Se este é o nível de sua ambição,

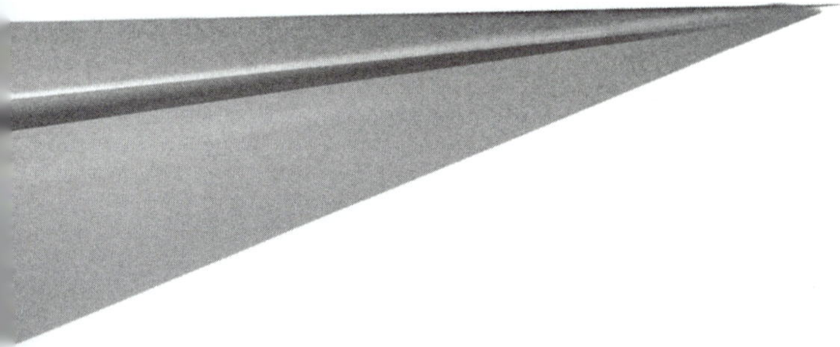

tente mirar mais alto.

FAÇA, E DEPOIS CONSERTE AO SEGUIR EM FRENTE.

Existem pessoas demais gastando tempo demais tentando aperfeiçoar alguma coisa antes de sequer fazê-la.

Em vez de esperar pela perfeição, faça com o que tem à mão e conserte enquanto segue em frente.

PEÇA PARA LEVAR UM TAPA NA CARA.

SE VOCÊ mostrar um trabalho seu a alguém e perguntar "O que acha?", o outro provavelmente dirá que está legal porque não quer ofendê-lo.

Na próxima vez, ao invés de perguntar se está certo, pergunte o que há de errado.

O outro pode não dizer o que você está querendo ouvir, mas existem mais chances de que lhe ofereça uma crítica sincera.

A verdade dói, mas a longo prazo é melhor do que um tapinha nas costas.

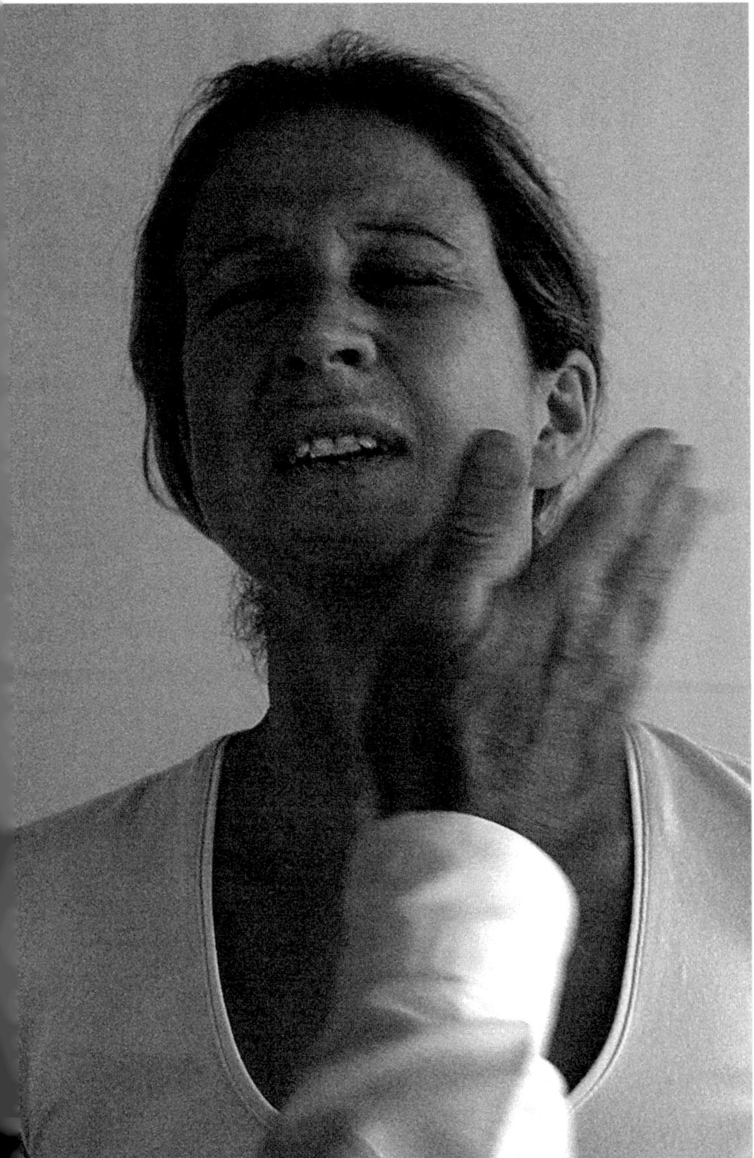

Isto vai fazer você pensar.

ASSUMA.

Seja o seu próprio e pior crítico.

Quando as coisas saem errado é tentador culpar alguém. Não faça isso.

Assuma. Todos aprovarão e você descobrirá do que é capaz.

SE VOCÊ QUER SER INTERESSANTE, SEJA INTERESSADO.

DEIXEI um amigo num *pub* em Copenhague; ele só sabia duas palavras em dinamarquês: *ja* e *nej* (sim e não).

Um bêbado começou a falar com meu amigo, que emitia interjeições ocasionais com um *ja* ou um *nej*.

Quando voltei mais tarde meu amigo ainda conversava com o bêbado, usando as mesmas duas palavras.

O bêbado achou meu amigo uma pessoa interessante simplesmente porque lhe deu ouvidos.

Numa entrevista, é melhor ouvir cuidadosamente o que os entrevistadores têm a dizer do que dar um show do seu próprio brilho.

Assim eles ficarão interessados em você sem que você diga uma palavra.

CHAME-SE DE ARTISTA.

NOS ANOS 80 Ron Mueck era um criador de modelos.

Ele fez a nuca e as costas de um homem (*à direita*) para um anúncio.

Seu cachê era modesto.

Um famoso colecionador de arte descobriu o seu trabalho.

Seu *status* mudou de criador de modelos para artista.

Sua obra agora é cem vezes mais valorizada do que na época.

Como você se apresenta é como os outros o valorizarão.

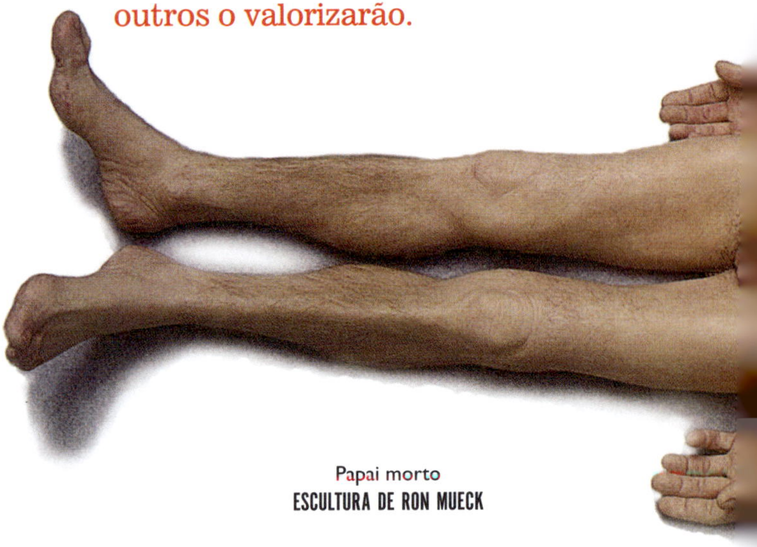

Papai morto
ESCULTURA DE RON MUECK

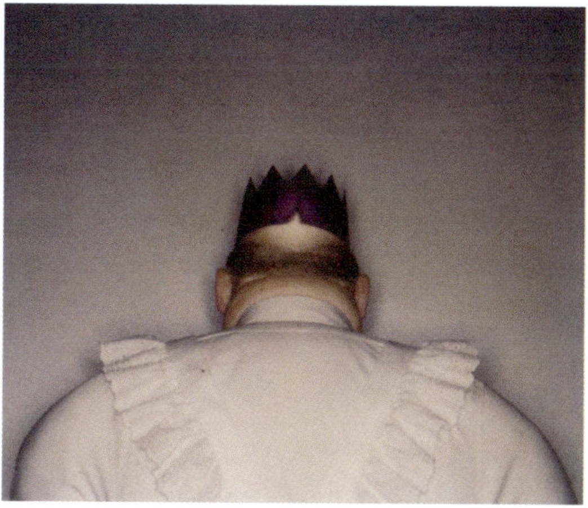

MODELO POR RON MUECK

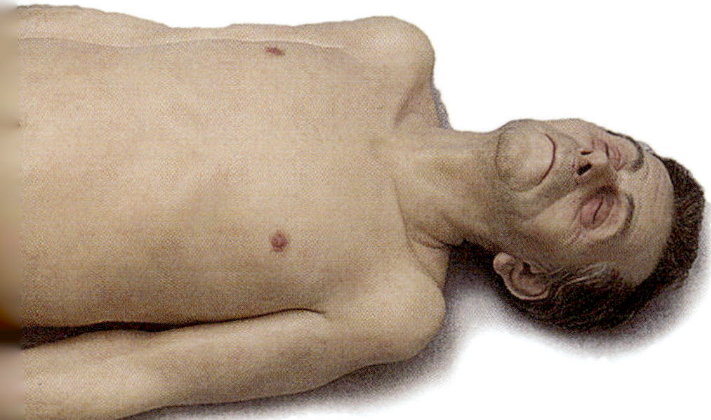

BATA ESSA.

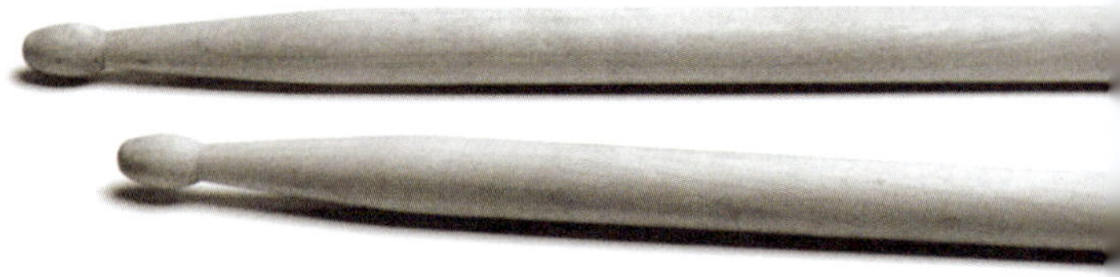

UM RAPAZ trabalhava como mensageiro numa agência de publicidade. Um dia disse ao seu gerente: "Estou saindo. Vou ser baterista."

O gerente disse: "Eu não sabia que você tocava bateria."

Ele respondeu: "Não toco, mas vou tocar."

Poucos anos depois aquele jovem tocava com Eric Clapton e Jack Bruce numa banda que se chamava Cream, e o nome do jovem era Ginger Baker.

Tornou-se o que queria ser antes de saber que era capaz de fazê-lo.

Ele tinha uma meta.

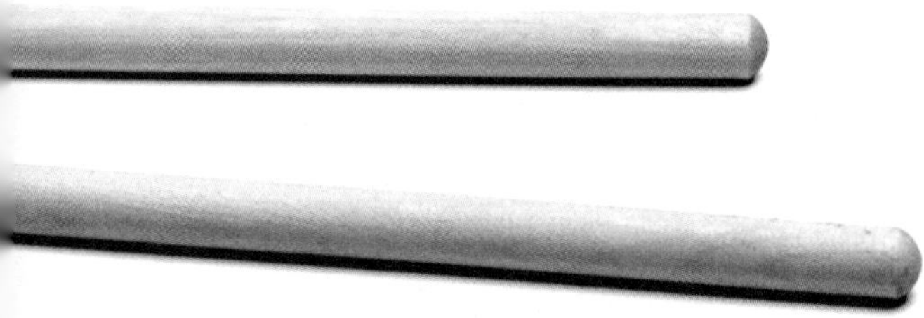

ERGO EGO.

NenhUM exceto o Nº 

É MODA entre as pessoas conscientes tentar se libertar do seu ego.

Ora, elas deviam pensar um pouco mais nisso.

Presumivelmente foram equipadas de ego por uma razão.

Grandes pessoas possuem grandes egos; talvez seja isso o que as torna grandes.

Por isso vamos fazer bom uso do ego, antes de tentar negá-lo.

De qualquer maneira, toda a vida gira ao "meu" redor.

MEU PAI era um homem modesto e, como todo homem modesto, tentou manter seu ego sob controle.

Fez um bom serviço, permanecendo anônimo quase a vida toda.

Era um artista.

Quando minha mãe morreu, meu pai tinha noventa anos.

Ele deixou de ter a quem mostrar seu trabalho e ganhar aprovação.

Sem se dar conta, terminou encontrando o seu ego.

Seu trabalho tornou-se engraçado, excêntrico e único. Começou até a se chamar de gênio.

Eu não chegaria a tanto, mas, quando ele morreu, tudo de que fiz questão entre os seus bens foi o caderno de esboços de seus últimos anos.

Sem o ego ele jamais teria se tornado o homem que foi.

Se é isso o que o ego faz pela criatividade, espero desenvolver o meu ainda mais.

Desenho L. Arden

MEIO NELSON.

Se Nelson tivesse sido colocado num pedestal pequeno, não seria apenas a metade do homem que é hoje?

NELSON INTEIRO.

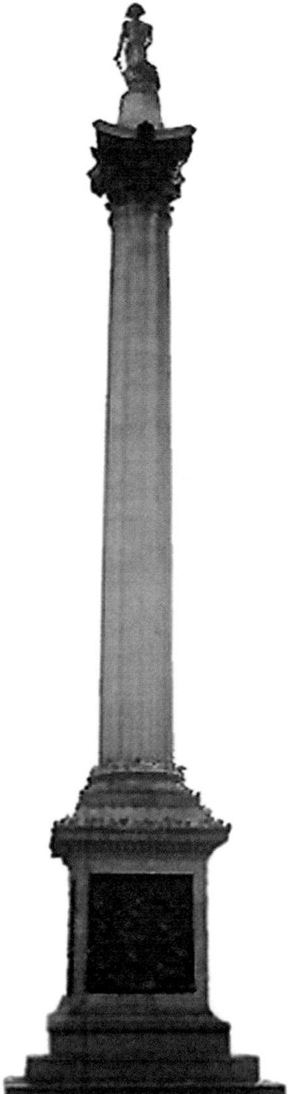

MAIS MANGAS ARREGAÇADAS E MENOS TERNO RISCA-DE-GIZ.

NUMA reunião você não precisa se preocupar com o modo como vai convencer seus colegas porque eles estão concentrados em como vão convencê-lo.

Reuniões são para quem não tem muito o que fazer.

Uma reunião é uma interpretação, um ato para convencer as pessoas de sua própria importância.

Os verdadeiros jogadores não precisam encenar o jogo da reunião.

Eles arregaçam as mangas e partem para o trabalho.

Se você precisa participar de uma reunião, afaste-se do comando.

QUAL É O SEU PO

O DE VISTA?

"A MAIORIA DAS PESSOAS É OUTRA PESSOA.

SEUS PENSAMENTOS SÃO AS OPINIÕES DE OUTRA PESSOA,

SUAS VIDAS UMA MÍMICA,

SUAS PAIXÕES UMA CITAÇÃO." Oscar Wilde

QUAL É A SUA OPINIÃO?

NÃO EXISTE UM PONTO DE VISTA CERTO.

Existe um ponto de vista convencional ou popular.

Existe um ponto de vista pessoal.

Existe um ponto de vista amplo que a maioria compartilha.

Existe um ponto de vista insignificante que apenas poucos

Mas não existe um ponto de vista certo.

Você está sempre certo.

Você está sempre errado.

Depende apenas do pólo a partir do qual você é olhado.

Avanços em qualquer campo se baseiam em pessoas com o ponto de vista insignificante ou pessoal.

VEJA A COISA DESTE JEITO.

GILBERT GARCIN TEM 80 ANOS. COMEÇOU A TIRAR FOTOS AOS 65.
ELE TEM UM PONTO DE VISTA. VOCÊ ESTÁ OLHANDO PARA ELE.

Eu costumava encomendar muitas fotografias.

Conseqüentemente, as pessoas ficavam ávidas para me mostrar seu trabalho.

99% dos portfólios que eu via eram de um nível muito elevado.

Mas 98% deles continham fotos que eu havia visto antes.

Obviamente não o mesmo tema ou a mesma composição, mas eu ficava com a impressão geral de que não estava vendo nada novo.

Não exibiam um ponto de vista. Se tinham, era o de que o espectador de suas fotos (eu) deveria gostar do seu trabalho.

Muito ocasionalmente vi o trabalho de alguém que possuía um ponto de vista, cujo trabalho não fosse igual ao de mais ninguém.

Essas eram pessoas geralmente difíceis, quase impossíveis de empregar porque você não podia lhes dizer o que deviam fazer.

Às vezes dava errado.

Às vezes, não.

Quando não dava errado, mais do que compensava as vezes em que deu errado.

1984.

Em 1975 o artista e animador checo Jan Svankmajer teve seu trabalho banido pelos comunistas.

Ele tinha o ponto de vista errado?

Ou era o ponto de vista certo visto pelas pessoas erradas?

Hoje ele é um tesouro nacional.

Ele agora está certo e os outros estavam errados? Ou ele ainda está errado e os outros estavam certos?

É exatamente o mesmo trabalho, mas visto de um ponto de vista diferente.

O ponto de vista prevalecente sendo aquele que a maioria adota.

As pessoas são como carneiros: seguem o líder. É o líder quem tem um ponto de vista em relação ao caminho que deveriam seguir.

Ter um ponto de vista ou um ângulo original é uma novidade.

Reconhecer seu valor é inteligente.

Ter coragem de defendê-lo diante da opinião pública é o que faz um vencedor.

SUA MAJESTADE?

ELA ESTÁ PENSANDO COM A OPINIÃO DE QUEM?

UM AMIGO meu levou seu colega para ver uma exposição de arte no norte de Londres.

A mostra era, basicamente, pilhas de blocos de concreto formando poltronas e sofás, pintados em cores primárias.

Vendo aquilo o colega disse: “Você me trouxe até aqui para ver este monte de lixo quando podíamos estar nos deliciando com um bom almoço?” E continuou sua cantilena por todo o caminho de volta até o trabalho.

Ao chegarem lá, meu amigo disse: “Você falou que não gostou da mostra, mas não parou de falar sobre isso.”

Tenha ou não gostado, não conseguia se esquecer daquilo.

Se um trabalho é estimulante e novo, não se pode esperar gostar dele imediatamente, porque não há nada com que compará-lo.

O esforço para assimilar coisas que não se entende as torna ainda mais valiosas quando as compreendemos.

A boa arte fala por si mesma. Isso não significa que você tenha que gostar dela.

Por isso, a próxima vez em que for a uma exposição de arte, ou olhar alguma coisa, observe o efeito que isso produz sobre você e tente formar sua própria opinião.

Assim, você se torna o crítico, e não um porta-voz da opinião de outra pessoa.

VIRE ESTE LIVRO DE CABEÇA PARA BAIXO.

AS COISAS JÁ ESTÃO PARA CIMA.

O QUE É UMA BOA IDÉIA?

Uma que acontece é.

Se não acontece, não é.

Quando um cliente perguntou quanto custaria obter permissão para usar a Torre Eiffel num anúncio, os burocratas que representavam a cidade de Paris disseram dez mil libras.

O cliente não achou mais que fosse uma boa idéia.

Então ela não foi usada.

Eu a queria para este livro, mas também não achava dez mil libras uma boa idéia.

Por isso, não pedi permissão.

O QUE É UMA IDÉIA RUIM?

IDÉIAS são questão de gosto.

O que é boa idéia para alguns pode ser ruim ou chato para outros.

Uma boa idéia é uma solução inteligente para um problema, uma que nunca se viu antes.

Mas se uma idéia não é adotada e usada como solução para um problema, não tem valor algum.

Torna-se uma não-idéia.

Jogada numa gaveta ela é inútil.

Pior do que inútil, é um completo desperdício de espaço.

Idéias têm de ser aplicadas antes que sejam reconhecidas como boas idéias.

Mesmo uma idéia ruim executada é melhor do que uma boa idéia não aproveitada.

Quanto mais tempo for usada, melhor considerada será a idéia.

É por isso que a roda é tida como a melhor idéia de todos os tempos.

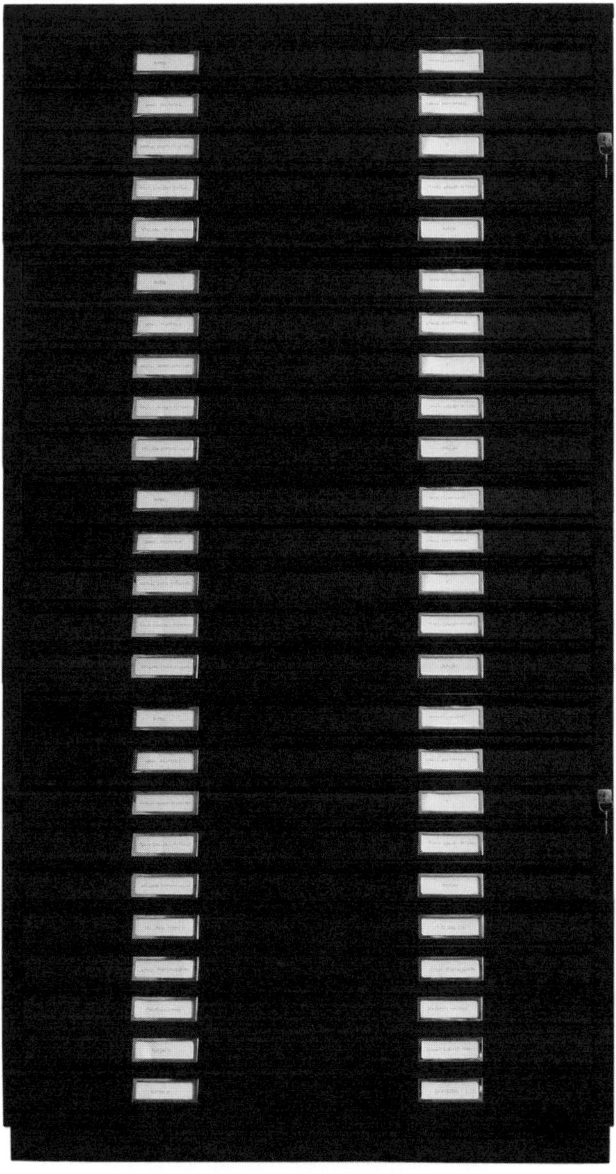

A MELHOR IDÉIA AQUI É O BAÚ DE IDÉIAS. ELE EXISTE.

NEM SEMPRE É BOM TER IDÉIAS.

ALGUMAS pessoas têm dom para ter idéias. Mas para aquelas que não o têm é uma verdadeira batalha.

Estranhamente, as pessoas que mais batalham em geral são as que obtêm mais sucesso.

Ter idéias demais nem sempre é uma coisa boa.

É fácil demais partir para a próxima idéia e para a próxima.

Se você não tem muitas idéias, precisa fazer as que tem funcionarem.

ONDE MUITAS BOAS IDÉIAS ACABAM

ROUBE.

ROUBE de qualquer lugar que resulte em inspiração ou incendeie sua imaginação.

Devore filmes, música, livros, pinturas, poemas, fotos, conversas, sonhos, árvores, arquitetura, placas de rua, nuvens, luz e sombras.

Escolha para roubar apenas coisas que falem diretamente à sua alma. Se fizer isso, seu trabalho (e roubo) será autêntico.

A autenticidade é inestimável.

A originalidade não existe.

Não se dê ao trabalho de ocultar seu roubo — celebre-o se quiser.

Lembre o que Jean-Luc Godard disse: *"Não importa de onde você tira as coisas — importa é para onde você as leva."*

Roubei isto de Jim Jarmusch.

ÀS VEZES O MAIS ESPERTO

Tire uma foto de um copo, deixe a câmara fora de foco e use uma lente para distorcer.

Então pergunte às pessoas: “O que é isto?”

Elas responderão: “É a foto de um copo.”

ÃO SER ESPERTO DEMAIS.

Tire outra foto do mesmo copo. Não a coloque fora de foco e não a distorça. Faça uma foto normal.

Então pergunte às pessoas: "O que é isto?"

Elas responderão: "É um copo."

PÃO. VOCÊ SABE QUE ISTO FAZ SANDUÍCHES.

Fünfhundert Schilling
NORGES BANK

I$TO O FARÁ CRIATIVO.

Se você é uma pessoa criativa começando uma carreira deve procurar não pensar em filmes, na mídia ou seja lá no que for.

Pense em dinheiro. É honesto.

NÃO FIQUE TEMPO DEMAIS EM UM EMPREGO

DEMITA-SE. É O JEITO DE MOSTRAR QUE ESTÁ FALANDO SÉRIO.

SE AS PESSOAS constantemente rejeitam suas idéias ou o que você tem a oferecer, demita-se.

Você não pode seguir lutando e perdendo, isso faz de você um problema.

Se você for bom, e adequado para o emprego, sua demissão não será aceita.

Você será recontratado, de acordo com suas condições.

Se aceitarem sua demissão, você estava no emprego errado e é melhor seguir em frente.

É preciso coragem, mas é a escolha acertada.

DEMITIDO?
É A MELHOR COISA QUE PODERIA ACONTECER.

AS COISAS não vão bem no trabalho?

Com pavor de ser demitido?

Acordando às quatro da manhã morto de preocupação?

OK. Imagine apenas que foi demitido dez dias atrás.

Como você não teve outra escolha senão aceitar o fato, poderia encará-lo como uma coisa boa.

Terá de arrumar sua vida de outro modo.

Você detestava aquela situação, de qualquer maneira.

Precisa começar de novo.

É uma oportunidade maravilhosa.

Literalmente, eles deixaram você partir.

CHURCHILL dizia que quando você está no topo precisa pensar apenas em política.

Quando você é o número dois, tem de pensar no que o seu chefe está pensando, antes de começar a pensar em política.

Comece sua própria empresa e então poderá ter controle do seu próprio destino. Isso faz de você o número um logo de saída.

NÚMERO

O DESAFIO DA UNIVERSIDADE.

UNIVERSIDADE?

IR PARA a universidade geralmente significa: "Não sei o que fazer da minha vida, por isso vou para a universidade."

Um ano de parada nos estudos — o *gap year* — confirma isso.

São táticas de retardamento.

Algumas pessoas têm sorte suficiente para saber o que querem cedo na vida.

A maioria tem grande dificuldade em investir seus recursos num objetivo útil.

Tenho pena dessas pessoas. Não é fácil para elas. Mas ir para a universidade não vai resolver os problemas delas.

Enquanto ir para o trabalho vai.

ESTUDANTE UNIVERSITÁRIO
AOS VINTE E TRÊS ANOS

VÁ PARA O TRABALHO.

SE VOCÊ começa a trabalhar aos dezoito anos, está cinco anos à frente de alguém que começa aos vinte e três.

Aos vinte e três, apesar de toda a sua educação, você ainda será um funcionário júnior do escritório.

Se você erra nas suas decisões profissionais quando jovem, pode mudar de rumo, mas aos vinte e oito é um pouco tarde para descobrir que está no emprego errado.

Por isso, não entre para a universidade a não ser que seu objeto de estudo esteja em seu coração.

Vá trabalhar e aprenda na escola da vida.

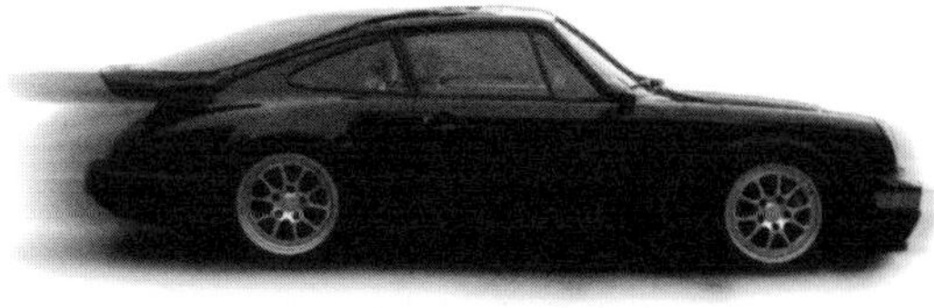

SCHOOL
OF
THOUGHT

AQUI ESTÁ UMA LIÇÃO.

É MELHOR viver na ignorância do que com conhecimento.

Resolver o problema é a parte emocionante, não saber a resposta.

Uma vez explicado, um truque de ilusionismo perde a magia.

A emoção de um jogo de futebol está em não saber quem vai ser o vencedor.

Algumas pessoas têm sucesso e descansam sobre os louros.

Os afortunados continuam a viver na ignorância.

MÃE!
FUI REPROVADO.

DESASTRE?

ISSO É UMA CONQUISTA.

É LUGAR-COMUM fazer tudo certo ou ficar mais ou menos na média.

Ficar entre os últimos ou perto deles tem mérito.

Significa que você não está interessado no modo corriqueiro como estão lhe ensinando. Sua cabeça está em outro lugar.

Fantasiando.

Muitas pessoas que ficaram nos últimos lugares na escola acabaram se tornando ricas e bem-sucedidas, não devido às suas notas nos exames, mas por causa de sua imaginação.

Portanto, a fim de ter sucesso no seu fracasso, você tem que encarar a situação de derrota como um bom lugar para começar.

Boas notas não lhe garantirão uma vida interessante.

Sua imaginação, sim.

1/10 Bom Trabalho.
Muito bem!

A CONQUISTA DO

FRACASSO.

Fracassei em pensar
numa ilustração
para esta página.

DÊ AS CARAS.

SE VOCÊ não tem os diplomas ou o dinheiro para cursar uma universidade, simplesmente dê as caras.

Se quer conseguir um emprego onde não o aceitam, simplesmente dê as caras.

Compareça a todas as palestras, preste serviços, torne-se útil. Deixe que as pessoas o conheçam.

Com o tempo elas o aceitarão porque você é parte da comunidade.

Não só respeitarão sua perseverança, mas gostarão de você por isso.

Pode levar tempo, um ano, digamos, mas você estará dentro e não fora.

QUANDO LHE PERGUNTARAM O SEGREDO DO SUCESSO, WOODY ALLEN RESPONDEU: "DÊ AS CARAS."

DICAS PARA INICIANTES.

A DICA DO C.V.

Mande seu *curriculum vitae* para a melhor empresa na área de sua escolha.

Corra atrás.

Trabalhe de graça, se necessário.

Seus futuros empregadores ficarão impressionados.

A DICA DO C.S. (CAFÉ E SIMPATIA)

Faça café.

Faça com freqüência, faça de boa vontade.

Pessoas influentes gostam disso.

Isso lhes dará uma opinião positiva a seu respeito, e vão querer ajudá-lo em troca.

ALBERT

PENSAMENTOS FINAIS.

UM ENTREVISTADOR com uma perna de pau disse a Frank Zappa: "Com seus cabelos compridos, de onde estou sentado, você

parece uma mulher." Frank Zappa respondeu: "De onde estou sentado, você podia ser uma mesa."

NÃO SEJA NEGATIVO DIANTE DA REJEIÇÃO.

QUANDO eu era diretor de criação na Saatchi & Saatchi, dei uma bronca em um jovem que havia apresentado um trabalho abaixo dos padrões.

Mais tarde, naquele dia, alguém me disse que ele estava em seu escritório, chorando.

Fui até lá para o consolar.

Falei: “Não se preocupe, eu também era imprestável quando tinha sua idade.”

AS VELAS FALAM.

O QUE ACHO interessante sobre a Ópera de Sydney foi como o arquiteto Jörn Utzon vendeu seu ousado projeto, então considerado inviável, para os líderes da cidade.

Ao apresentar suas plantas ele se referiu ao edifício como uma vela.

Assim que a comissão julgadora teve acesso a esta imagem de velas sobre a água, nenhum outro candidato na competição arquitetônica teve a menor chance.

Ele resumiu o seu conceito em uma palavra.

Vela.

Brilhante.

O MELHOR conselho que já foi dado partiu do diretor da *Harper's Bazaar*, Alexey Brodovitch, para o jovem Richard Avedon, destinado a se tornar um dos maiores fotógrafos do mundo.

O conselho foi simples:

"ME SURI

Tenha estas palavras em mente e qualquer coisa que faça será criativa.

REENDA!”

QUAL SLOGAN VOCÊ ESCOLHERIA PARA O V&A?

O MUSEU DAS ARTES

A ARTE DO MUSEU

O NOVO V&A

AQUI NÃO CABE ARTE VELHA E CHATA

UM CAFÉ DE PRIMEIRA COM UM SIMPÁTICO MUSEU ANEXO

VOCÊ É o presidente, diretor-executivo, curador ou membro da junta do Victoria & Albert Museum.

Quer ter mais movimento no museu e quer que a publicidade o ajude nisso.

Apresentam-lhe os slogans ao lado.

Num museu, a primeira pergunta é sempre: "Onde fica o banheiro?"

A segunda é: "Onde fica o café?"

Uma xícara de café e uma fatia de bolo podem ser um atrativo maior do que toda a coleção do V&A.

Uma visita a um museu é um passeio. Deve ser divertida, bem como instrutiva.

Os curadores têm de preservar a arte e os diretores estão lá para servir ao público, aos curadores e a si mesmos.

Então, coloque-se na posição deles. Que frase você vai escolher?*

Uma que seja eficaz junto ao público ou uma que preserve a dignidade do V&A?

* Para seu crédito eterno, Elizabeth Esteve-Coll, então diretora do V&A, escolheu a última frase.

ASSIM COMO VOCÊ, NÃO GOSTO DESTE HOMEM.

O QUE EU gosto é do impacto que a imagem tem em uma página.

A maneira como este quadro nos faz reagir, do jeito que você está reagindo agora.

SIMPLESMENTE MUDE SUA VIDA.

O MUNDO É O que *você* pensa dele.

Portanto, pense nele de um jeito diferente e sua vida mudará.

MEU PRÓXIMO LIVRO.

Desde o começo da humanidade, mais pensamento foi dispensado ao entendimento de Deus do que a qualquer outro assunto conhecido do homem e, no entanto, ninguém ainda sabe nada.
No transcurso de uma corrida de táxi, *Paul Arden* explica esse mistério de uma vez por todas.

DEUS EXPLICADO NUMA CORRIDA DE TÁXI.

OBRIGADO.

Este livro é para meu amigo e mentor
CHRISTOPHER MACARTNEY-FILGATE
A capa do livro é idéia dele.

MARK BUCKINGHAM & GEOFF WINDRAM

Gostaria de mandar um grande abraço a esses dois homens. Foram minhas mãos direita e esquerda na produção deste livro. Não só deram a forma final, mas acrescentaram boas idéias; por exemplo, o espelho na página 65 é idéia de Geoffrey, e a página rasgada na página 95 é idéia de Mark. Também contribuíram com inteligência e o muito necessário bom senso. Foi um prazer trabalhar com eles de manhã.

Gostaria de agradecer aos redatores talentosos com os quais tive a sorte de trabalhar ao longo dos anos. Eles tornaram meu trabalho mais fácil e mais divertido.

Em particular:

TIM MELLORS
JEFF STARK
DAVE TROTT

O trabalho deles aparece mais de uma vez neste livro.

Obrigado a Tony Lacey, editor, e Zelda Turner, responsável pela edição, que "manobrou" até tornar este livro melhor. Sempre positiva, fazendo sugestões brilhantes e tomando a iniciativa de buscar imagens inusitadas.

Ao meu agente Anthony Sheil, por suas idéias e por cuidar tão bem de mim.

Gostaria também de agradecer a Neil Sutherland, que com Mark Buckingham ajudou a fazer muitas das fotos do livro.

A Sara Elsworth, por sua ajuda e por me deixar dar-lhe um tapa na cara na página 55. E a Andrew Churchill, que se desnudou para a foto na página 33, bem como por ser um cara legal na página 43.

Ao meu amigo Roger Kennedy, que deu uma olhada nas provas do livro.

Aos meus amigos e ex-colegas na ASD Lionheart, que continuam a me ajudar de boa vontade atendendo aos meus pedidos chatos.

A Charles Hendley por sua idéia para a segunda orelha.

E às seguintes pessoas que gentilmente me permitiram usar suas imagens:

ADRIAN FLOWERS	p. 8
GILBERT GARCIN	p. 25/30–31/78–79/80
STEPHEN MCDAVID	p. 27
CHARLES ARDEN	p. 29
RON MUECK	p. 60–61
MICHAEL JOSEPH	p. 77
ALISON JACKSON	p. 84
GRAHAM FINK	p. 89
ROGER KENNEDY	p. 93
KARL JENKINS	p. 103
LEE TROTT	p. 110
DAN TROLLER	p. 58

Publicado originalmente no Reino Unido
por Penguin Books Ltd., 2006

TÍTULO ORIGINAL
Whatever You Think, Think the Opposite

TRADUÇÃO
Roberto Muggiati

REVISÃO
Janir Hollanda
Umberto Figueiredo Pinto

ADAPTAÇÃO DO PROJETO GRÁFICO
Regina Ferraz

IMPRESSÃO
Lis Gráfica

Agradecimentos: Foto de Winston Churchill reproduzida com permissão de Curtis Brown Ltd., Londres, representando a Broadwater Collection. Gibert Garcin © Gilbert Garcin / cortesia Hooper Gallery, Londres, e Les Filles du Calvaire, Paris, www.gilbert-garcin.com. Dan Troller © Dan Troller. Foto de um vaso © Adrian Flowers. Foto de Woody Allen reproduzida com permissão de Magnum Photos. Agradecimentos também a Getty, Magnum, Corbis, Science and Society Picture Library, V&A Images.

Nota da edição original: Todos os esforços foram feitos para localizar os detentores dos direitos autorais. Qualquer erro ou omissão será retificado em futuras edições.

CIP-BRASIL. CATALOGAÇÃO-NA-FONTE
SINDICATO NACIONAL DOS EDITORES DE LIVROS, RJ

A72t Arden, Paul
Tudo o que você pensa, pense ao contrário / Paul Arden; [tradução Roberto Muggiati]. – Rio de Janeiro: Intrínseca, 2008.
il.

Tradução de: Whatever you think, think the opposite

ISBN 978-85-98078-25-0

1. Sucesso nos negócios. 2. Processo decisório. I. Título.

08-1421 CDD: 650.1
CDU: 65.011.4

[2008]

EDITORA INTRÍNSECA LTDA.
Rua dos Oitis, 50
22451-050 – Gávea
Rio de Janeiro – RJ
Telefone: (21) 3874-0914
Fax: (21) 3874-0578
www.intrinseca.com.br

ISTO NÃO
É O FIM.
É UM NOVO
COMEÇO.
PAUL ARDEN